ふしぎ？びっくり！

ことばの由来《ゆらい》博物館《はくぶつかん》

身《み》のまわりのもののことば

文　草刈めぐみ
絵　Coma

ほるぷ出版

目次《もくじ》

衣服《いふく》にかんすることば

道《どう》具《ぐ》にかんすることば

かぶと【兜】

意《い》味《み》

戦《いくさ》のときに、頭《あたま》を保護《ほご》するためにかぶった、鉄《てつ》や皮《かわ》でつくったかぶりもの。

語《ご》源《げん》

古《ふる》いことばで、頭《あたま》のことを「かぶ」といったので、「かぶぶた（頭蓋）」が変化《へんか》したものだという説《せつ》や、「かぶる」の「かぶ」と、「男《おとこ》」の「と」が組《く》みあわせられたという説《せつ》などがある。

関連《かんれん》することば

「かぶと」のつくことば

かぶとをぬぐ

相手《あいて》の力《ちから》をみとめ、降参《こうさん》すること。

勝《か》ってかぶとの緒《お》をしめよ

かぶとのひもをしっかりむすぶように、成功《せいこう》したあとも、油断《ゆだん》せず、気《き》持《も》ちをひきしめなさいということ。

かぶと・赤糸威鎧兜大袖付《あかいとおどしよろいかぶとおおそでつき》（櫛引八幡宮《くしびきはちまんぐう》）

ちょんまげ【丁髷】

意味《いみ》

「ちょんまげ」は、江戸《えど》時代中《じだいなか》ごろから結《ゆ》われた、男《おとこ》の人《ひと》の髪《かみ》の形《かたち》をいう。額《ひたい》から頭《あたま》の上《うえ》にかけて、深《ふか》くそりあげ、髻《もとどり》という小《ちい》さなまげを、前《まえ》のほうにまげて結《ゆ》ったもの

語源《ごげん》

ちょんまげは、もともと「本《ほん》田《だ》まげ」という髪形《かみがた》の一般《いっぱん》的《てき》なよび方《かた》で、まげの形《かたち》が「ちょん（ゝ）」に似《に》ているところからできた名前《なまえ》。今《いま》では江戸時代《えどじだい》のすべての髪形《かみがた》をさして、使《つか》われている。

関連《かんれん》することがら

いろいろな「ちょんまげ」

武士《ぶし》や町人《ちょうにん》など身分《みぶん》のちがいで、それぞれ髪形《かみがた》がきめられていた。

大銀杏《おおいちょう》（武士《ぶし》）

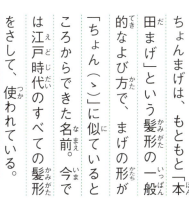

はちまき

【鉢巻き】

意味《いみ》

頭《あたま》のまわりや額《ひたい》にまく、細《ほそ》い布《ぬの》や手《て》ぬぐい。気持《きも》ちをひきしめたり、威勢《いせい》のよさをあらわしたりするためにまく。

語源《ごげん》

頭《あたま》の形《かたち》が、「鉢《はち》」に似《に》ていることから、「頭《あたま》の鉢《はち》が大《おお》きい」などのように、「鉢《はち》」は頭《あたま》のまわりをあらわすことばになった。昔《むかし》、武士《ぶし》は出陣《しゅつじん》のとき、かぶとをかぶったが、そのかぶとの頭《あたま》をいれる部分《ぶぶん》も「鉢《はち》」という。烏帽子《えぼし》がぬげないようにかぶとの下《した》にまいた布《ぬの》を、「鉢巻《はちま》き」とよんだのが、はじまりともいわれる。

関連《かんれん》することがら

いろいろな「はちまき」

ねじりはちまき

手《て》ぬぐいをねじって頭《あたま》にまいたもの。

むこうはちまき

額《ひたい》でむすんだはちまき。

うしろはちまき

頭《あたま》のうしろでむすんだはちまき。

はんてん

【半天・半纏・袢纏】

意味《いみ》

羽織《はおり》のような形《かたち》で、たけが短《みじか》い着物《きもの》の上着《うわぎ》。

語源《ごげん》

成人《せいじん》ひとり分《ぶん》の着物《きもの》をつくれる布地《ぬのじ》を、一反《いったん》とかぞえる。たけやそでのはばが短《みじか》く、えりのおり返《かえ》しもないので、着《き》物《もの》の半分《はんぶん》の布地《ぬのじ》の「はんだん（半反）」でつくれることから、この名《な》がついたといわれる。

関連《かんれん》することがら

いろいろな「はんてん」

火消《ひけ》し

職人《しょくにん》の印《しるし》ばんてん

えりや背中《せなか》、腰《こし》のあたりに屋号《やごう》や名前《なまえ》などをいれた、職人《しょくにん》が着《き》るはんてん。

火消《ひけ》しのさしこばんてん

布《ぬの》をかさねて、全体《ぜんたい》をこまかくぬいあわせ、つくったはんてん。じょうぶなので、火消《ひけ》し（今《いま》の消防士《しょうぼうし》）が着《き》た。

はおり

【羽織】

意味《いみ》

着物《きもの》の上《うえ》に着《き》る、たけの短《みじか》い上着《うわぎ》。前《まえ》はとめずに、ひもでむすんで着《き》る。

語源《ごげん》

なげかけるという意味《いみ》の「はふり（放）」からできたことば。着物《きもの》のすそをおりかえして、短《みじか》くしたものという意味《いみ》で、「はおり（反折り・端折り）」などが語源《ごげん》ともいわれる。

関連《かんれん》することがら

陣《じん》ばおり

戦《いくさ》のとき、よろいの上《うえ》に着《き》たそでのないはおり。

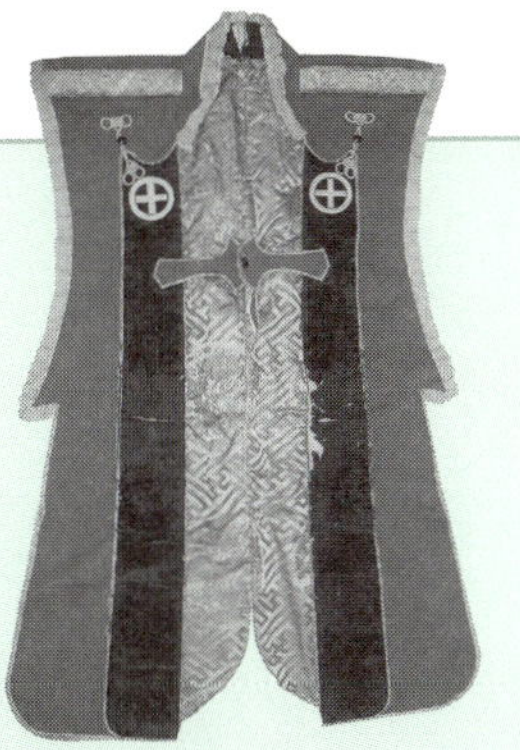

緋《ひ》羅《ら》紗《しゃ》地《じ》丸《まる》に十《じゅう》字《じ》紋《もん》陣《じん》羽《ば》織《おり》（都城《みやこのじょう》島《しま》津《づ》邸《てい》蔵《ぞう》）

ごふく【呉服】

意味《いみ》

和服《わふく》に使《つか》う織物《おりもの》のよび名《な》。

語源《ごげん》

中国《ちゅうごく》の呉《ご》の国《くに》からつたわった織《お》り方《かた》でつくられた絹織物《きぬおりもの》の、「呉服《くれはとり》」からついた名《な》。これを音読《おんよ》みして「ごふく（呉服）」となった。「服《はとり》」は「機織《はたお》り」の変化《へんか》した読《よ》み方《かた》。

関連《かんれん》することがら

太物《ふともの》

呉服《ごふく》がもともと、絹物《きぬもの》をさすことばだったのに対《たい》し、木綿《もめん》や麻《あさ》など太《ふと》い糸《いと》で織《お》られたものは、「太物《ふともの》」といった。

呉服神社《くれはじんじゃ》

昔《むかし》、呉《ご》の国《くに》から、呉服媛《くれはとりひめ》と穴織媛《あやはとりひめ》というふたりの姫《ひめ》がやってきた。ふたりは、機織《はたお》りや裁縫《さいほう》にすぐれていて、その技術《ぎじゅつ》を日本《にほん》の人《ひと》につたえた。のちに、仁徳天皇《にんとくてんのう》がふたりをたたえて、呉服神社《くれはじんじゃ》をたてた。

ゆかた

【浴衣】

意味《いみ》

夏《なつ》のふだん着《ぎ》。または、湯《ゆ》上《あ》がりに着《き》る木綿《もめん》のひとえの着物《きもの》。

語源《ごげん》

「湯《ゆ》帷子《かたびら》」が省略《しょうりゃく》されて、できたことば。江戸時代《えどじだい》のはじめごろまでの風呂《ふろ》は、蒸《む》し風呂《ぶろ》だったので、入浴《にゅうよく》のときにうすい着物《きもの》を着《き》るのが習慣《しゅうかん》だった。それを湯《ゆ》帷《かた》子《びら》とよんだが、のちに着物《きもの》をぬいで、入浴《にゅうよく》するようになり、入浴《にゅうよく》のあとに着《き》る汗《あせ》とり用《よう》の着物《きもの》を、「ゆかた（浴衣《ゆかた》）」とよぶようになった。

関連《かんれん》することがら

かたびら（帷子《かたびら》）

「かたびら」は、裏《うら》をつけないひとえの着物《きもの》のこと。「かたびら」の「かた」は「片《かた》」で、裏地《うらじ》をつけないひとえをさし、「ひら」は「ひらめく」ことから、「片枚《かたひら》」といった。几帳《きちょう》※などにかけて、へだてとする布《ぬの》も「かたびら」というので、「帷子《かたびら》」と漢字《かんじ》をあてるようになった。

※平安時代《へいあんじだい》に使《つか》われた間《ま》じきりのひとつ。

じゅばん【襦袢】

意《い》味《み》

和《わ》服《ふく》のときに着《き》る下《した》着《ぎ》。

語源《ごげん》

「じゅばん（襦袢《じゅばん》）」は、ポルトガル語《ご》のジバオのなまったもの。戦国時代《せんごくじだい》に南蛮人《なんばんじん》からつたえられた、男《おとこ》の人《ひと》が着《き》るそでのはばのひろい上着《うわぎ》を、和服《わふく》の下《した》に着《き》るのが流行《りゅうこう》したことから、この名《な》がひろまった。「襦袢《じゅばん》」はあて字《じ》だが「短《みじか》い衣《ころも》」ということをあらわしていて、「ジバン」ともいう。

関連《かんれん》することがら

南蛮人《なんばんじん》

室町時代《むろまちじだい》から江戸時代《えどじだい》にかけて、日本《にほん》にきたポルトガル人《じん》やスペイン人《じん》のことを、南蛮人《なんばんじん》といった。

おび

【帯】

意味《いみ》

着物《きもの》の上《うえ》から腰《こし》にまいてむすぶ、細長《ほそなが》い布《ぬの》。着物《きもの》がからだからはなれないようにし、かざりの役《やく》わりもする。

語源《ごげん》

「身《み》につける」という意味《いみ》の、「おぶ（帯ぶ）」という古《ふる》いことばがなまってできた。

関連《かんれん》することば・ことがら

ことば

「帯《おび》」のつくことば

帯《おび》に短《みじか》し、たすきに長《なが》し

中途《ちゅうと》はんぱで何《なに》にも使《つか》えず、役《やく》にたたないこと。

ことがら

「帯《おび》」の結《むす》び方《かた》

江戸時代《えどじだい》には、帯《おび》は結婚前《けっこんまえ》の女性《じょせい》はうしろに、結婚《けっこん》している女性《じょせい》は前《まえ》にむすぶ習慣《しゅうかん》があった。しかし、動《うご》きにくいため、年《とし》をとるまでは、うしろ帯《おび》でいるようになり、明治《めいじ》になってからは、すべてうしろ帯《おび》となった。

すそ【裾】

意味《いみ》

衣服《いふく》の下《した》の端《はし》。

語源《ごげん》

「そ」は「衣《ころも》」の古《ふる》い読《よ》み方《かた》で、衣《ころも》の下《した》のほうをさして、「すえそ（末衣）」という意味《いみ》で「すそ（裾）」というようになったといわれる。

関連《かんれん》することば

おすそわけ

着物《きもの》は着《き》たけより長《なが》めにしたてられているので、着《き》るときは帯《おび》で調節《ちょうせつ》する。「すそをわける」とは、その長《なが》くてよぶんなところを人《ひと》にわけるという、「着物《きもの》のすそほどのものですが」という意味《いみ》である。「田舎《いなか》からりんごをおくってきたので、これはおすそわけです」などといい、もらった人《ひと》は「おすそわけにあずかる」という。「お福《ふく》わけ」ともいう。

そで【袖】

意味《いみ》

衣服《いふく》の、うでをおおう部《ぶ》分《ぶん》。着物《きもの》の場合《ばあい》は、たもとまでをふくめる。

語源《ごげん》

昔《むかし》は、「衣《ころも》」の「手《て》」ということで、「ころもで」ということばが使《つか》われていた。しかし、発音《はつおん》しにくいため、「衣《ころも》」の古《ふる》い読《よ》み方《かた》である「そ」に「手《て》」をつけて、「そで（袖）」とよぶようになった。

関連《かんれん》することば

「そで」のつくことば

そでの下《した》

他人《たにん》に気《き》づかれないように、もらったりわたしたりする金品《きんぴん》。わいろ。

そでをわかつ

それまでともに何《なに》かをしていた人《ひと》とわかれる。関係《かんけい》を絶《た》つこと。「たもとをわかつ」も同《おな》じ意味《いみ》。

そでふりあうも多生《たしょう》の縁《えん》

人《ひと》と人《ひと》が道《みち》ですれちがって、そでがふれあう程度《ていど》のかかわりでも、前世《ぜんせ》からの因縁《いんねん》があるということ。

たび
【足袋】

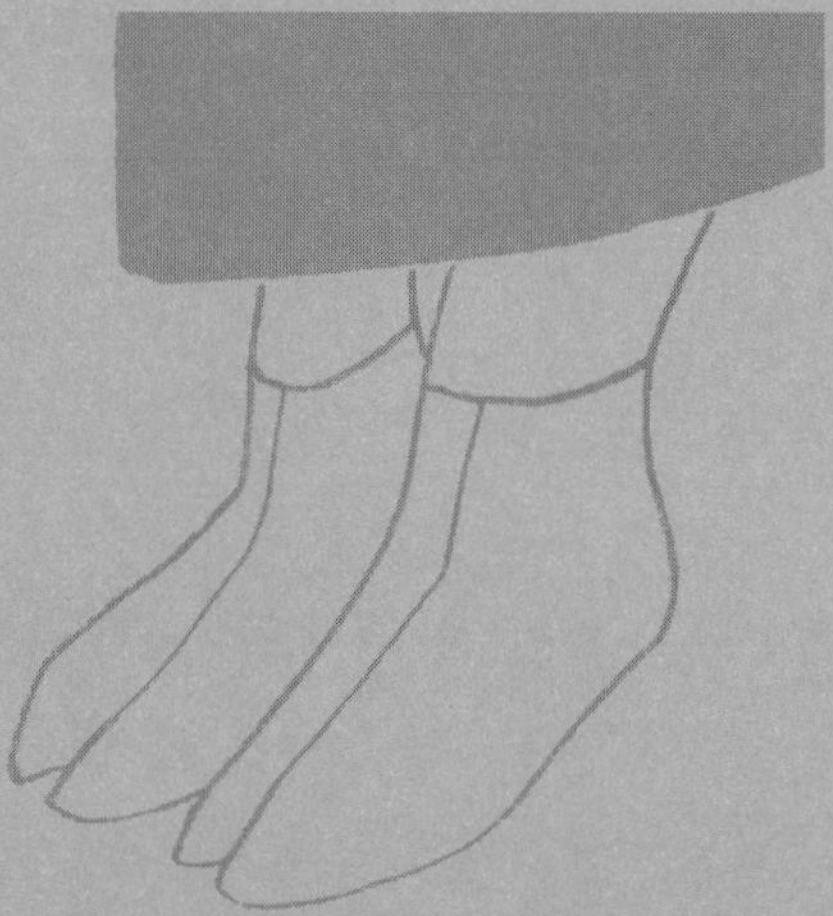

意味《いみ》

和服《わふく》のとき、足首《あしくび》から下《した》にはくもの。足《あし》の形《かたち》につくった、つま先《さき》が二つにわかれた袋《ふくろ》のようになっているもので、「こはぜ」でとめる。

語源《ごげん》

「たびぐつ（旅沓）」が省略《しょうりゃく》されたことば。はじめは鹿《しか》の皮《かわ》でつくり、旅《たび》をするときにはいたので、「たび」とよばれた。「踏皮」「単皮」などとも書《か》く。

関連《かんれん》することがら

たびのひろまり

鎌倉時代《かまくらじだい》からしだいに、ぞうりやわらじが使《つか》われるようになると、たびはかかとの足《あし》ずれをふせぐのに役《やく》だった。現在《げんざい》のようなもめんのたびは、江戸時代《えどじだい》に綿《めん》の栽培《さいばい》がさかんになり、木綿《もめん》が安《やす》くなってから、ひろまった。

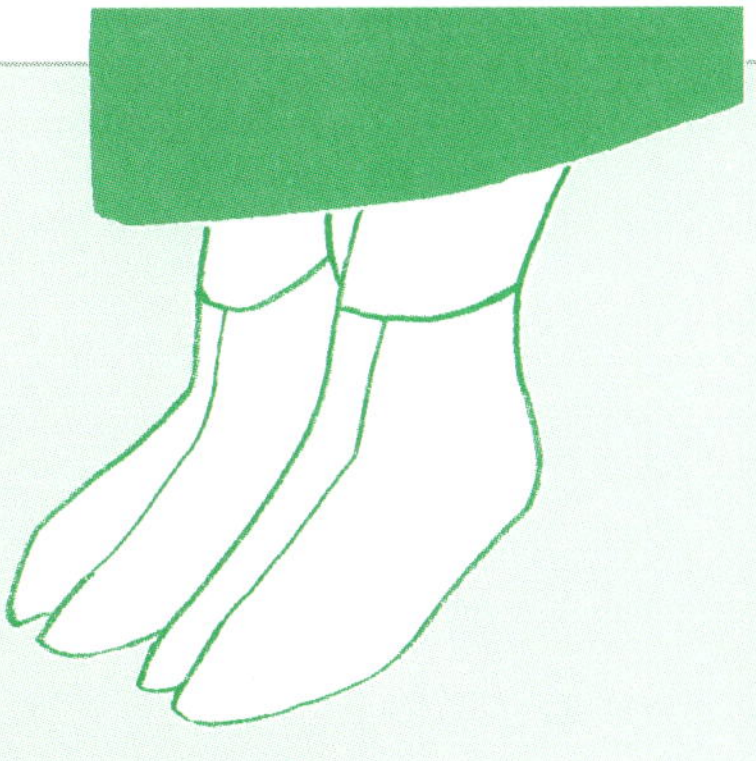

げた

【下駄】

意味《いみ》

木《き》をくりぬき、台《だい》に三つの穴《あな》をあけ、鼻緒《はなお》をすげた（とおした）はきもの。

語源《ごげん》

古《ふる》くは「木履《ぼくり》」「足駄《あしだ》」などといったが、しだいに「駄《だ》」という字《じ》がはきものをさすようになり、下《した》にはくものということから、「げた（下駄）」ということばができた。

関連《かんれん》することば・ことがら

ことば

「げた」のつくことば

げたをあずける

物事《ものごと》の処理《しょり》や責任《せきにん》を人《ひと》にまかせてしまうこと。

ことがら

田《た》げた

げたは、大昔《おおむかし》から日本《にほん》にあった。弥生時代《やよいじだい》の水田《すいでん》の跡《あと》などから、多《おお》くの田《た》げた（田《た》んぼに入《はい》って農作業《のうさぎょう》をするときにはく大《おお》きなげた）が発見《はっけん》されている。

かっぱ【合羽】

意味《いみ》
雨《あめ》の日《ひ》に外出《がいしゅつ》するとき、着《き》るコート。レインコート。

語源《ごげん》

ポルトガル語《ご》の「カパ」（肩《かた》かけマントのこと）からできたことば。十五世紀《せいき》後半《こうはん》、宣《せん》教師《きょうし》によってもたらされた、マント形《がた》のコートがもととなった。昔《むかし》、日本《にほん》の雨具《あまぐ》は蓑《みの》だったので、「南蛮蓑《なんばんみの》」ともいわれて、武家《ぶけ》の間《あいだ》で流《りゅう》行《こう》し、庶民《しょみん》にもひろがった。明治時代《めいじじだい》にはいって、防寒《ぼうかん》用《よう》のものは「マント」、雨具《あまぐ》は「カッパ」と区別《くべつ》するようになった。

関連《かんれん》することがら

レインコート

今《いま》ではあまり、かっぱというよび方《かた》はしない。水《みず》をよくはじくように加《か》工《こう》された、いろいろなレインコートがでまわっている。

いちまつもよう

【市松模様】

意味《いみ》

碁盤《ごばん》のような格子《こうし》の目《め》を、二色《しょく》で色《いろ》ちがいにならべたもよう。

語源《ごげん》

江戸時代《えどじだい》の中《なか》ごろ、歌舞伎役者《かぶきやくしゃ》の佐野川市松《さのがわいちまつ》が、舞台《ぶたい》でこの柄《がら》の袴《はかま》をはいたことから「いちまつもよう（市松模様）」とよばれるようになった。

関連《かんれん》することがら

いろいろな「もよう」

・市松《いちまつ》もよう

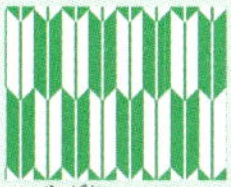
・矢羽《やばね》

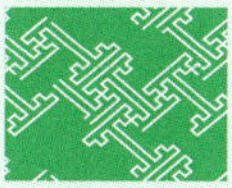
・さやがた

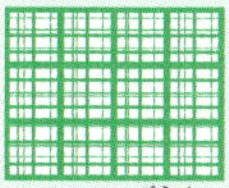
・おきな格子《ごうし》

市松人形《いちまつにんぎょう》

「市松人形《いちまつにんぎょう》」は佐野川市《さのがわいち》松《まつ》のすがたに似《に》せた人《にん》形《ぎょう》のこと。

ワイシャツ

意味《いみ》

男性《だんせい》が背広《せびろ》（スーツ）の下《した》に着《き》る、台《だい》つきのえりとカフスがついたシャツ。

語源《ごげん》

英語《えいご》の「ホワイトシャツ」のホワイトが、日本人《にほんじん》にはワイと聞《き》こえたためにできた、日本《にほん》だけのよび方《かた》。

関連《かんれん》することがら

「ワイシャツ」はもとは下着《したぎ》

「ネクタイにワイシャツすがた」は、今《いま》ではすっかり、サラリーマンの通勤《つうきん》スタイルとして定着《ていちゃく》したが、もともとワイシャツは下着《したぎ》のシャツから変化《へんか》したもの。「Yシャツ」とも書《か》く。大正時代《たいしょうじだい》のはじめごろのワイシャツは、えりがとりはずせたが、昭和《しょうわ》になって、えりを身《み》ごろにぬいつけたものが、一般的《いっぱんてき》になった。

いっちょうら【一張羅】

意味《いみ》

もっている衣服《いふく》のなかで、いちばんよいもの。たった一着《ちゃく》しかない上等《じょうとう》の服《ふく》。

語源《ごげん》

かわりのない一本《ぽん》きりのろうそくという意味《いみ》の、「いっちょうろう（一挺蝋）」からという説《せつ》と、ただ一枚《まい》（一張《ひとは》り）しかない「うすぎぬ（羅）」、「いっちょうら（一張羅）」からという説《せつ》がある。

関連《かんれん》することがら

あかりの移《うつ》り変《か》わり

鎌倉時代以前《かまくらじだいいぜん》には、あかりとして、灯台《とうだい》（油皿《あぶらざら》のなかに、火《ひ》をつける芯《しん》になるものをたてて、火《ひ》をともすあかり）や、紙燭《しそく》（こよりを油《あぶら》にひたして、火《ひ》をともすあかり）が使《つか》われていた。やがて、はぜの実《み》を使《つか》ったろうそくがでまわるようになり、それまでのあかりにくらべて、はるかに明《あか》るくなった。しかし、ねだんが高《たか》く、何本《なんぼん》も用意《ようい》できるものではなかったようだ。

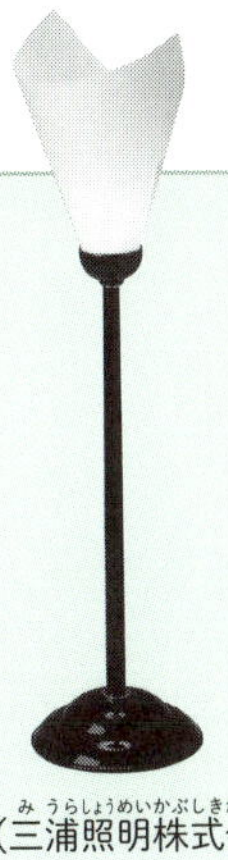

紙燭《しそく》（三浦照明株式会社《みうらしょうめいかぶしきがいしゃ》）

よそゆき【余所行き】

意味《いみ》

外出《がいしゅつ》するときに着《き》る、とくにあらたまった、きれいな服《ふく》や着物《きもの》。

語源《ごげん》

別《べつ》のところ、自分《じぶん》が属《ぞく》していない場所《ばしょ》「よそ」へ「行《ゆ》く」こと、つまり「よそゆき」の意味《いみ》から、そのとき着《き》る衣服《いふく》の意味《いみ》になった。「余所《よそ》」はあて字《じ》。

関連《かんれん》することがら

よそゆきの顔《かお》

話《はな》し方《かた》や態度《たいど》が、とくにあらたまって、ふだんとちがうことも「よそゆき」「よそいき」という。「お母《かあ》さんはいつも電話《でんわ》のときは、よそゆきの声《こえ》で話《はなし》をする」とか、「よそゆきの顔《かお》」などという。

ふだんぎ

【普段着】

意味《いみ》

特別《とくべつ》のものではなく、ふだんの日《ひ》に着《き》る衣服《いふく》。

語源《ごげん》

日常生活《にちじょうせいかつ》で、「絶《た》え間《ま》なく、いつも着《き》ているもの（不《ふ》断《だん》に着《き》る）」という意味《いみ》から、「不断着《ふだんぎ》」ということばが使《つか》われるようになった。「普段着《ふだんぎ》」はあて字《じ》。

関連《かんれん》することがら

「ふだんぎ」の反対語《はんたいご》

「はれぎ（晴れ着）」が、「ふだんぎ」に対《たい》する反対語《はんたいご》になる。「ふだんぎ」は、昔《むかし》のことばでは「けのころも（褻の衣）」、または「けごろも（褻衣）」といった。

はで

【派手】

意味《いみ》

身《み》なりや行動《こうどう》が、ほかの人《ひと》よりはなやかだったり、おおげさだったりして、人目《ひとめ》をひくこと。

語源《ごげん》

江戸《えど》時代《じだい》にあらわれた、型破《かたやぶ》りでにぎやかな三味線《しゃみせん》のひき方《かた》を、「はで（破手）」といったことから、できたことばで、もとは、「破手《はで》」と書《か》いた。伝統的《でんとうてき》なひき方《かた》の「本手《ほんて》」を破《やぶ》ったという意《い》味《み》。そこから、はなやかで目《め》だつことをさすようになった。

関連《かんれん》することば

三味線《しゃみせん》

三本《ぼん》の糸《いと》がはってあり、ばちや指《ゆび》で糸《いと》をはじいて音《おと》をだす、日本《にほん》の楽器《がっき》。

三味線《しゃみせん》（日本和楽器製造株式会社《にほんわがっきせいぞうかぶしきがいしゃ》）

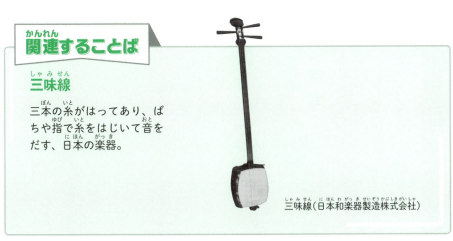

おむつ

【お襁褓】

意味《いみ》

衣類《いるい》をよごさないように、赤《あか》ちゃんのおしりにあて、大小便《だいしょうべん》をうける布《ぬの》や紙《かみ》。

語《ご》源《げん》

生《う》まれたばかりの子《こ》に着《き》せる産着《うぶぎ》を、「むつき」といったことから。漢字《かんじ》で「お襁《む》褓《つ》」と書《か》くのは、中国語《ちゅうごくご》の「きょうほう（襁褓）」が、日本《にほん》のおむつと似《に》ているためのあて字《じ》。

関連《かんれん》することがら

「おしめ」の語源《ごげん》は？

「おむつ」とほぼ同《おな》じ意《い》味《み》の「おしめ」は、「しめし（湿《しっ》布《ぷ》）」の「しめ」をていねいにいったことば。「しめし」は、子《こ》どもの大小便《だいしょうべん》をしみこませて、とる布《ぬの》という意《い》味《み》。

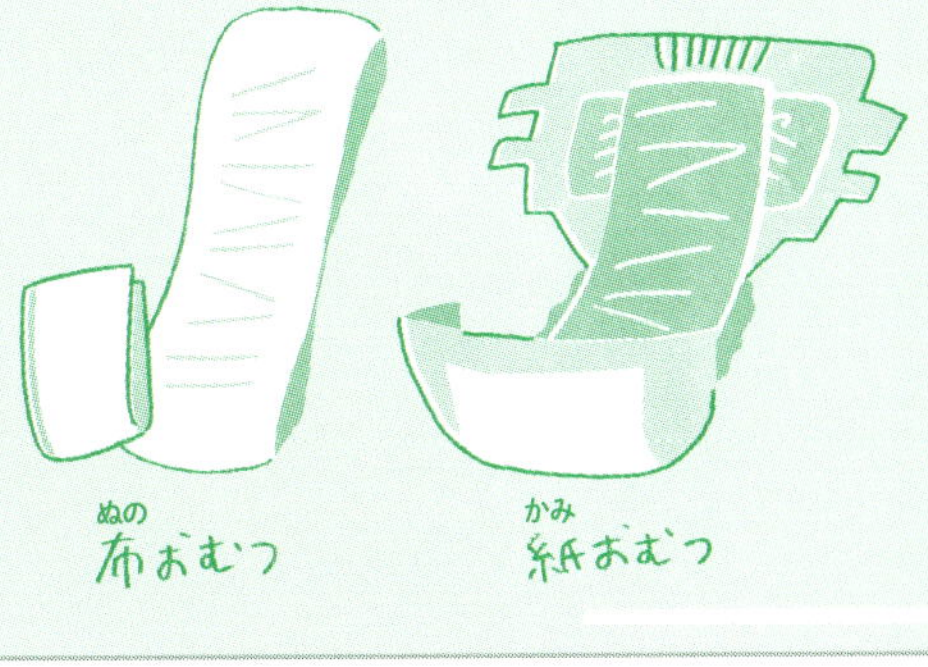

ふろしき

【風呂敷】

意味《いみ》

ものをつつんだり、もち運《はこ》んだりするのに使《つか》う、正方《せいほう》形《けい》の布《ぬの》。

語《ご》源《げん》

「風呂《ふろ》で敷《し》きひろげる布《ぬの》」の略《りゃく》。江戸《えど》時代《じだい》に銭湯《せんとう》が発達《はったつ》した。現在《げんざい》の風呂《ふろ》とちがい蒸《む》し風呂《ぶろ》だったので、男女《だんじょ》とも下着《したぎ》をつけてはいった。そのため、ぬれたものをもち帰《かえ》ったり、ぬれた足《あし》をふいたりするための布《ぬの》が使《つか》われた。この布《ぬの》を風呂《ふろ》でしきひろげたことから、「ふろしき（風呂敷）」とよぶようになった。

関連《かんれん》することば・ことがら

ことば

「ふろしき」のつくことば

大《おお》ぶろしきをひろげる

できそうもないことをできるといって、ほらをふくこと。

ことがら

蒸《む》し風呂《ぶろ》

まわりをかこったなかで、湯気《ゆげ》でからだを蒸《む》して、あたためるもの。

外来語《がいらいご》の書《か》き方《かた》

じつは、みなさんも知《し》っているように、外国《がいこく》からはいってきたものならすべてカタカナで表記《ひょうき》するわけではありません。古《ふる》い時代《じだい》に、中国《ちゅうごく》や、朝《ちょう》鮮半島《せんはんとう》を通《つう》じてはいってきたことばなどは、漢字《かんじ》で表記《ひょうき》されているので、わたしたちはすっかり日《に》本語《ほんご》のような気持《きも》ちで使《つか》っています。また、十五世紀《せいき》から十六世紀《せいき》、明治《めいじ》にかけて日本人《にほんじん》がはじめて外来《がいらい》のあたらしいものにふれたとき、それにどんな名前《なまえ》をつけようかと、とても苦労《くろう》してつけたよび方《かた》なども、はじめは漢字《かんじ》で書《か》かれていました。

今《いま》のように、外国語《がいこくご》のわかる人《ひと》もほとんどいなかった時代《じだい》には、外国《がいこく》からはいってきたものは、大《おお》きく分《わ》けて次《つぎ》の三つのやり方《かた》で、工夫《くふう》して書《か》きあらわし、それらを取《と》りいれるだけでなく、国産《こくさん》化《か》してひろめようとしました。

まず、もとの外国語《がいこくご》に近《ちか》い音《おと》を漢字《かんじ》にあてるという工夫《くふう》で、たとえば「ジュバン（襦袢）」「カステラ（加須底羅）」「コンペイトウ（金平糖）」などがそれです。

二番目《ばんめ》は、日本《にほん》に昔《むかし》からあるもののなかに、その外来《がいらい》のものに似《に》ているものを見《み》つけ、その名前《なまえ》をとってつける工夫《くふう》です。「ピアノ」は西洋《せいよう》の楽器《がっき》だから、「西洋《せいよう》の琴《こと》」と考《かんが》えて「洋琴《ピアノ》」。「ネクタイ」は、「シャツのえりもとをかざるもの」ということで「襟飾《ネクタイ》」などです。

三番目《ばんめ》は、その性質《せいしつ》や特徴《とくちょう》などを意味《いみ》する漢字《かんじ》をじょうずに使《つか》って、工夫《くふう》されたことばです。「オルゴール」は「ひとりでに鳴《な》る楽器《がっき》のようなもの」だから、「自鳴琴《オルゴール》」。「かばん」は「革《かわ》で作《つく》った包《つつ》み」だから「鞄《かばん》」。「かんづめ」は、はじめて日本《にほん》でつくられたときには「空気《くうき》をぬいた状態《じょうたい》で貯蔵《ちょぞう》する」ことから「無気貯蔵《むきちょぞう》」と名《な》づけられたそうです。しかし、今《いま》ではもっとわかりやすく簡単《かんたん》なよび方《かた》で、意味《いみ》もすぐにわかる「缶詰《かんづめ》」が一般的《いっぱんてき》になっています。

十六世紀《せいき》にポルトガルからはいってきた「タバコ」のように、日本《にほん》でも栽培《さいばい》されるようになり、生活《せいかつ》のなかに根《ね》づいたものは、「タバコ」や「たばこ」と書《か》いたり、「煙草《たばこ》」と書《か》いたりと、三種類《しゅるい》の表記《ひょうき》を見《み》かけます。そのタバコは、昔《むかし》は「煙草《たばこ》」以外《いがい》に「丹婆粉」「多婆古」「淡婆姑」など、いろいろに書《か》きあらわしていました。そのなかで、一目《ひとめ》で意味《いみ》がわかる「煙草《たばこ》」がいちばんひろく使《つか》われるようになったのでしょう。

時《とき》がたつにつれ、なじみにくい漢字表記《かんじひょうき》はどんどん消《き》えて行《い》き、残《のこ》ったものの多《おお》くもカタカナで書《か》くようになりました。このごろは、外国《がいこく》からはいってきたことばは、そのまま原音《げんおん》に近《ちか》い音《おと》をカタカナで書《か》くことがほとんどですが、昔《むかし》の人《ひと》びとが外《そと》からはいってくる事物《じぶつ》を苦心《くしん》して日本語《にほんご》にかえようとした努力《どりょく》は、外《そと》の文化《ぶんか》を吸収《きゅうしゅう》し、それを日本《にほん》のものにかえて、さらに改良《かいりょう》していくための試《こころ》みだったとおもわれます。

おさらい&チャレンジクイズ！

Q1 かぶとは武将《ぶしょう》が戦《いくさ》のときに頭《あたま》にかぶったが、「かぶとの緒《お》」とは、①紋章《もんしょう》 ②ひも ③かざり のうちのどれ？

Q2 はちまきや、ほおかぶりにしたり、あねさんかぶりにしたりできる便利《べんり》なものは何《なに》？

Q3 英語《えいご》のホワイトシャツがなまってできたのは何《なに》？

Q4 できそうもないことをできるといって、ほらをふくことを「○○をひろげる」というが、①大風呂敷《おおぶろしき》 ②ござ ③着物《きもの》 のどれ？

答《こた》えは96ページへ！

どうぐ【道具】

意味《いみ》

ものをつくったり、ことをおこなったりするために、使《つか》われる器具《きぐ》の名《な》。

語源《ごげん》

もとは仏道《ぶつどう》の修行《しゅぎょう》をするときに必要《ひつよう》な「仏道《ぶつどう》の具《ぐ》」をさした。「三衣《さんえ》」、「六物《ろくもつ》」「十八物《じゅうはちもつ》」「百一物《ひゃくいちもつ》」のすべてを「どうぐ（道具）」といった。

関連《かんれん》することがら

修行《しゅぎょう》に必要《ひつよう》なもの

昔《むかし》、インドで僧《そう》が修行《しゅぎょう》をするときに必要《ひつよう》なものは、次《つぎ》のようなものだといわれた。「三衣《さんえ》」は、場所《ばしょ》に応《おう》じた三種類《しゅるい》の衣服《いふく》。「六物《ろくもつ》」は、「三衣《さんえ》」にくわえて、托鉢《たくはつ》にもっていく鉢《はち》、坐具《ざぐ》、水《みず》をこすための布袋《ぬのぶくろ》。「十八物《じゅうはちもつ》」は、「六物《ろくもつ》」のほかに楊枝《ようじ》、香炉《こうろ》、手《て》ぬぐい、小刀《こがたな》、火《ひ》を起《お》こすもの、鼻毛《はなげ》ぬき、経典《きょうてん》、仏像《ぶつぞう》など。「百一物《ひゃくいちもつ》」は、いろいろすべてという意味《いみ》。

そろばん

【算盤】

意味《いみ》

東洋《とうよう》でできた計算器《けいさんき》。横《よこ》に長《なが》い木《き》のわくを二段《だん》にわけ、串《くし》ざしにした珠《たま》を上《うえ》の段《だん》に一つか二つ、下《した》の段《だん》に四つか五つおいたもの。

語源《ごげん》

「そろばん（算盤）」の中国語《ちゅうごくご》読《よ》み、「ソワンパワン」が変化《へんか》したものだろうといわれる。

室町《むろまち》時代《じだい》のおわりごろ、中《ちゅう》国《ごく》との貿易《ぼうえき》によってわが国《くに》にはいってきたのは、上《うえ》の珠《たま》が二つのそろばんだった。中国《ちゅうごく》などでは現在《げんざい》も、この形《かたち》のそろばんが使《つか》われているが、日本《にほん》では十七世紀《せいき》あたりには、すでに上《うえ》の珠《たま》が一つのそろばんがあらわれている。

関連《かんれん》することば

「そろばん」のつくことば

読《よ》み書《か》きそろばん

江戸時代《えどじだい》、寺子屋《てらこや》で僧《そう》や武士《ぶし》、医《い》者《しゃ》などが、子《こ》どもたちにおしえた基《き》本的《ほんてき》な教育《きょういく》をさして、こういった。

そろばんをはじく

そろばんで計算《けいさん》することから、胸《むね》の内《うち》で損得《そんとく》を考《かんが》えること。

そろばんがあわない

計算《けいさん》があわないことから、商売《しょうばい》でうまく利益《りえき》が得《え》られないこと。

ふで【筆】

意味《いみ》

字《じ》や絵《え》をかく道具《どうぐ》。竹《たけ》などでできた柄《え》の先《さき》に毛《け》をたばねて、つけたもの。

語《ご》源《げん》

古《ふる》いことばで「文《ぶん》を書《か》くもの（手《て》）」という意味《いみ》の「ふみて（筆手）」が、「ふんで」となり、「ふで」へと変化《へんか》した。

関連《かんれん》することば

「筆《ふで》」のつくことば

弘法《こうぼう》も筆《ふで》のあやまり

書道《しょどう》にすぐれた弘法大師《こうぼうだいし》でさえ、字《じ》をまちがえることもあるということから、どんなにじょうずな人《ひと》でも、しくじることがあるという意味《いみ》。「猿《さる》も木《き》からおちる」と同《おな》じ意味《いみ》。

弘法《こうぼう》は筆《ふで》をえらばず

書道《しょどう》で有名《ゆうめい》な弘法大師《こうぼうだいし》は、どんな筆《ふで》を使《つか》っても、みごとな字《じ》を書《か》いたことから、すぐれた技術《ぎじゅつ》をもつ人《ひと》は、どんな道具《どうぐ》でも使《つか》いこなすという意味《いみ》。

ものさし

【物差し】

意味《いみ》

ものの長《なが》さをはかる用具《ようぐ》。また、ものごとのよしあしや、ねうちをきめること。

語源《ごげん》

「ものの長短《ちょうたん》を差《さ》しはかるもの」が、はぶかれてできたとおもわれる。「ものさし（物差し）」は、仏教建築《ぶっきょうけんちく》の技術《ぎじゅつ》がつたわったとき、ともに日本《にほん》にはいってきた。

関連《かんれん》することがら

一メートルの長《なが》さ

世界《せかい》で最初《さいしょ》に国際的《こくさいてき》な単位《たんい》づくりにとりかかったのは、フランスだった。北極《ほっきょく》から赤道《せきどう》までの距離《きょり》の一千万分《せんまんぶん》の一を「一メートル」ときめ、一七九二年《ねん》から六年《ねん》をかけて、測量《そくりょう》がおこなわれた。こうして、一七九九年《ねん》に世界《せかい》ではじめての「メートル原器《げんき》」がつくられたが、現在《げんざい》では、ある元素《げんそ》のだす光《ひかり》の波長《はちょう》が、長《なが》さの基準《きじゅん》とされている。

メートル原器《げんき》（産業技術総合研究所《さんぎょうぎじゅつそうごうけんきゅうじょ》）

しおり

【栞】

意味《いみ》

読《よ》みかけた本《ほん》のあいだに、はさんでしるしにするもの。

語源《ごげん》

「枝《えだ》をおる」という意味《いみ》の「枝《し》おる」から。古《ふる》くは枝《えだ》をおって、道《みち》しるべにしていた。その動作《どうさ》を「枝《し》おる」、道《みち》しるべを「枝《し》おり」といった。やがて「枝《し》おり」が「手引《てび》き」とか「目印《めじるし》」の意味《いみ》をもつようになったので、本《ほん》の目印《めじるし》をさすことばになった。

関連《かんれん》することがら

昔《むかし》のしおりは木《き》や竹《たけ》

江戸時代《えどじだい》までは、木《き》や竹《たけ》をうすくけずった「夾筴《きょうさく》」「籤《せん》」といわれるものが、しおりとして使《つか》われていた。

うちわ【団扇】

意味《いみ》

あおいで風《かぜ》をおこす道具《どうぐ》。ふつうは細《ほそ》くけずった竹《たけ》の骨《ほね》に、紙《かみ》や布《ぬの》をはったもの。

語源《ごげん》

蚊《か》や蠅《はえ》を、うちはらうという意味《いみ》から、「うちはらふ（打ち払ふ）」または、「うちは（打羽）」が、そのまま道具《どうぐ》の名《な》となった。また、昔《むかし》、貴人《きじん》が顔《かお》をかくすのに使《つか》った丸《まる》い「内輪《うちわ》」「内羽《うちわ》」からともいう。

関連《かんれん》することがら

うちわのはじまり

うちわは、昔《むかし》はエジプトなどのあつい国《くに》で、召《め》し使《つか》いが、王様《おうさま》や客《きゃく》をあおぐやしの葉《は》だった。それがしだいに、片手《かたて》でもてる大《おお》きさのかんたんなものへと変化《へんか》した。日本《にほん》へは中国《ちゅうごく》からつたえられた。日《に》本《ほん》で、はじめてうちわを使《つか》ったのは、聖《しょう》徳太子《とくたいし》だといわれている。

かがみ【鏡】

意味《いみ》

平《たい》らな面《めん》に光《ひかり》の反射《はんしゃ》を利用《りよう》して、顔《かお》やすがた、形《かたち》をうつして見《み》る道具《どうぐ》。

語源《ごげん》

もののすがたをうつすという意味《いみ》の「かげみ（影見）」からと考《かんが》えられる。また、昔《むかし》から呪術的《じゅじゅつてき》な祭《まつ》りの場面《ばめん》で、月《つき》の影《かげ》をうつして、吉凶《きっきょう》をうらなったことからともいわれる。

関連《かんれん》することがら

かがみは「お手本《てほん》」

かがみを見《み》てすがたを整《ととの》えることから、「かがみ」にはお手本《てほん》や模範《もはん》という意味《いみ》がある。「武士《ぶし》のかがみ」や、「人《ひと》のかがみ」などというのは、りっぱな人《ひと》をたとえていうことば。

さいふ

【財布】

意味《いみ》

お金《かね》をいれてもち歩《ある》くための、布《ぬの》や皮《かわ》などでつくった袋《ふくろ》。

語源《ごげん》

いつからこのことばが使《つか》われているのか、はっきりしないが、江戸《えど》時代《じだい》の書物《しょもつ》には、すでにでてくる。「金銭《きんせん》(財《ざい》)」をいれる「布《ぬの》でつくった袋《ふくろ》」の意味《いみ》から、「さいふ(財布)」となったとおもわれる。

関連《かんれん》することがら

紙入《かみい》れ

昔《むかし》は金銭《きんせん》をもち歩《ある》くとき、金袋《かねぶくろ》や銭袋《ぜにぶくろ》とよばれる布袋《ぬのぶくろ》にいれ、首《くび》からさげたり、ひもでまいて、ふところにいれたりした。さまざまな大《おお》きさのものがあり、懐紙《かいし》などちょっとした身《み》のまわりのものもいれたので、「鼻紙袋《はながみぶくろ》」ともいわれた。「さいふ」を「紙入《かみい》れ」というのはこのため。

のれん【暖簾】

意味《いみ》

商家《しょうか》などの出入《でい》り口《ぐち》にたらす、屋号《やごう》などを染《そ》めぬいた布《ぬの》。または、家庭《かてい》で部《へ》屋《や》のしきりやかざりにしたり、日《ひ》をさえぎるために、出入《でい》り口《ぐち》にたらす布《ぬの》。

語《ご》源《げん》

もとは禅寺《ぜんでら》で冬《ふゆ》に、すだれ（簾）のすきま風《かぜ》をふせぐために、使《つか》われたたれ幕《まく》から。「なかの暖《あたた》かさを保《たも》つために、すだれ（簾）をおうもの」という意味《いみ》のことば。漢字《かんじ》の「暖簾《のれん》」の中《ちゅう》国語《ごくご》読《よ》み、「ノンレン」「ノウレン」が変化《へんか》したもの。

関連《かんれん》することば

「のれん」のつくことば

のれんをくぐる

のれんをかけているその店《みせ》にはいること。

のれんをわける

商家《しょうか》が、長《なが》いあいだつとめた店《みせ》の者《もの》などに、あたらしい店《みせ》をださせ、同《おな》じ屋号《やごう》を使《つか》わせること。

のれんをおろす

その日《ひ》の営業《えいぎょう》をおえること。または、商売《しょうばい》をやめること。

のれんに腕押《うでお》し

何《なに》をいってもなんの手《て》ごたえもなく、はりあいがないこと。「ぬかに釘《くぎ》」「とうふにかすがい」「柳《やなぎ》に風《かぜ》」なども、同《おな》じ意味《いみ》。

のれんにきずがつく・のれんにかかわる

店《みせ》の格式《かくしき》や信用《しんよう》に、傷《きず》がつくこと。

ふとん

【布団】

意味《いみ》

布《ぬの》をぬいあわせたなかに、綿《わた》や羽毛《うもう》、羊毛《ようもう》などを平《たい》らにしていれた寝具《しんぐ》。

語源《ごげん》

「ふとん（布団《ふとん》）」はあて字《じ》で、もとは「ふとん（蒲団）」。「蒲《ふ》」は植物《しょくぶつ》の「蒲《がま》」のこと。「団《とん》」は丸《まる》いという意味《いみ》。はじめは、禅僧《ぜんそう》が座禅《ざぜん》のときなどに使《つか》った、蒲《がま》の葉《は》であんだ円座《えんざ》（今《いま》の座布団《ざぶとん》のようなもの）をさした。

関連《かんれん》することがら

「座布団《ざぶとん》」の起源《きげん》

室町時代《むろまちじだい》以前《いぜん》の家《いえ》には、たたみじきの部屋《へや》はなく、板《いた》の間《ま》にすわるときは、蒲《がま》の葉《は》であんだ「円座《えんざ》」や、「座褥《ざじょく》」といわれる正方形《せいほうけい》のたたみのようなものをしいた。現在《げんざい》のような、綿入《わたい》りのやわらかい座布団《ざぶとん》ができたのは、江戸時代《えどじだい》である。今《いま》のように、たたみの上《うえ》に座布団《ざぶとん》をしくのは、昔《むかし》でいうと、座布団《ざぶとん》を二枚《まい》しいているのと同《おな》じことになる。

まくら

【枕】

意味《いみ》

寝《ね》るときに、頭《あたま》をささえる道具《どうぐ》。

語源《ごげん》

「ま」は「頭《あたま》のすきま」の「ま」、「くら」は座席《ざせき》や物《もの》をのせる台《だい》のことで、「頭《あたま》のすきまをささえるくら（座）」の意味《いみ》。また、頭《あたま》をのせる台《だい》を、そでや菅《すげ》などをまいてつくったことから「まきくら」といい、それが変化《へんか》したともいわれる。

関連《かんれん》することば

「まくら」のつくことば

話《はなし》のまくら

落語《らくご》や講談《こうだん》などで、本題《ほんだい》にはいる前《まえ》にちょっとする話《はなし》。

ゆめまくら

ゆめを見《み》たときのまくら。また、ゆめのなかで、神《かみ》や仏《ほとけ》がまくらもとにあらわれて、おつげをすること。

くまで【熊手】

意《い》味《み》

落《お》ち葉《ば》や穀物《こくもつ》などをはきあつめる、竹《たけ》でつくった道具《どうぐ》。

語源《ごげん》

もとは長《なが》い柄《え》の先《さき》に、鉄《てつ》のつめをいくつもつけたもの。物《もの》をひきよせるための舟道《ふなどう》具《ぐ》、あるいは、敵《てき》を馬《うま》からひきずりおろすための武具《ぶぐ》であった。形《かたち》が「熊《くま》の手《て》」をおもわせたことから、この名《な》がついた。

関連《かんれん》することがら

縁起《えんぎ》ものの熊手《くまで》

毎年《まいとし》、十一月《がつ》の酉《とり》の日《ひ》におこなわれる鷲 神社《おおとりじんじゃ》の祭《まつ》り「酉《とり》の市《いち》」では、「福《ふく》をかきあつめる」という意味《いみ》の、縁起《えんぎ》ものの熊《くま》手《で》が売《う》られる。この熊手《くまで》には宝船《たからぶね》、大《おお》判《ばん》、小判《こばん》、千両箱《せんりょうばこ》、お多福《たふく》など、めでたいものが多《おお》くつけられている。

ざる【笊】

意味《いみ》

竹《たけ》をうすくさいたものをあんだり、プラスチックなどを使《つか》ったりして、丸《まる》くくぼんだ形《かたち》につくった器《うつわ》。米《こめ》をといだり、野菜《やさい》をあらったり、水気《みずけ》を切《き》るのに使《つか》われる。

語源《ごげん》

古《ふる》いことばで、「竹《たけ》であんだ器《うつわ》」をさす「いざる」が略《りゃく》されて、「ざる（笊）」になった。

関連《かんれん》することば

「ざる」のつくことば

ざる

もれの多《おお》いことのたとえ。「あいつは何《なに》をやってもざるだ」などというと、「いいかげんで、ぬけていることが多《おお》い」という意味《いみ》。

ざる法《ほう》

ぬけ道《みち》がたくさんあって、不十分《ふじゅうぶん》な法律《ほうりつ》。

たらい【盥】

意味《いみ》

手《て》や顔《かお》をあらったり、せんたくや水浴《みずあ》びなどをするのに使《つか》う、大《おお》きくてあさい容器《ようき》。

語源《ごげん》

「てあらい（手洗い）」が変化《へんか》して「たらい」となり、手《て》を洗《あら》う器《うつわ》を意味《いみ》する「盥《たらい》」という字《じ》をあてた。

関連《かんれん》することば

「たらい」のつくことば

たらいまわし

人《ひと》や物《もの》、権力《けんりょく》や地位《ちい》などを、次《つぎ》つぎにまわすこと。「権力《けんりょく》の座《ざ》をたらいまわしにする」「病院《びょういん》をたらいまわしにされた」などのように使《つか》われる。

たんす

【箪笥】

意味《いみ》

服《ふく》や道具類《どうぐるい》をしまっておくための、引《ひ》き出《だ》しや戸《と》のついた、木《き》でつくった家具《かぐ》。

語源《ごげん》

中国語《ちゅうごくご》で、「竹《たけ》でつくった丸《まる》い箱《はこ》」を「箪《たん》」、「四角《しかく》い箱《はこ》」を「笥《す》」といった。合《あ》わせて、ものをおさめる箱《はこ》を「たんす（箪笥）」とよんだ。それがしだいにくふうされ、江戸時《えどじ》代《だい》に現在《げんざい》のような形《かたち》になった。

関連《かんれん》することがら

「たんす」のかぞえ方《かた》

昔《むかし》は衣裳《いしょう》は長《なが》もちなどにいれた。「長《なが》もち」というのは、「衣類《いるい》がいたまず、長《なが》くもちますように」という意味《いみ》の名前《なまえ》。長《なが》もちは、はこぶとき、その両側《りょうがわ》についている金具《かなぐ》にさおをとおして、ふたりではこんだことから「一さお」「二さお」とかぞえたので、それが今《いま》もたんすに使《つか》われている。

長《なが》もち

まないた【俎板】

意《い》味《み》

魚《さかな》や野《や》菜《さい》などの食《しょく》材《ざい》を包《ほう》丁《ちょう》を使《つか》って料《りょう》理《り》するさいに、下《した》にしく板《いた》。

語源《ごげん》

「まないた」は漢字《かんじ》で「俎板《まないた》」と書《か》くが、もとは「真《ま》魚《な》板《いた》」「真《ま》菜《な》板《いた》」と書《か》いた。昔《むかし》は、魚《さかな》も野《や》菜《さい》もそれぞれ「魚《な》」「菜《な》」とよんだ。それに、「もっともおいしい」という意《い》味《み》をあらわす「真《ま》」をつけたもの。

関連《かんれん》することば

「まな板《いた》」のつくことば

まな板《いた》のこい

まな板《いた》の上《うえ》のこいが、ただ調理《ちょうり》されるのを待《ま》つだけのように、人《ひと》のなすがままで、にげ場《ば》がないようすをいう。

まな板《いた》にのせる

いいかわるいか判断《はんだん》するため、議論《ぎろん》の対象《たいしょう》にすること。

ほうちょう

【包丁】

意味《いみ》

うすい刃《は》の刃物《はもの》の名前《なまえ》。おもに、料理《りょうり》に使《つか》われる刃物《はもの》をさす。

語源《ごげん》

中国《ちゅうごく》の梁《りょう》の時代《じだい》のできごとからうまれたことば。「包《ほう》（庖）」は料理人《りょうりにん》をさすことばで、「丁《ちょう》」は料理《りょうり》の名人《めいじん》の名《な》前《まえ》。丁《ちょう》さんのうわさを聞《き》いた梁《りょう》の王《おう》は、この名人《めいじん》をよんで、腕《うで》を披露《ひろう》させた。丁《ちょう》さんの手《て》さばきはあざやかで、こころよい音《おと》をたてて、肉《にく》は骨《ほね》から切《き》りはなされ、一片《ぺん》の肉《にく》も残《のこ》らなかった。のちに、丁《ちょう》さんの使《つか》った牛《ぎゅう》刀《とう》を「ほうちょう（包丁《ほうちょう》）」とよぶようになった。

関連《かんれん》することがら

「包丁《ほうちょう》」の種類《しゅるい》

出刃包丁《でばぼうちょう》、刺身包丁《さしみぼうちょう》、菜切《なき》り包《ぼう》丁《ちょう》、パン切《き》り包丁《ぼうちょう》など。特殊《とくしゅ》なものには、たたみ切《き》り包丁《ぼうちょう》、紙《かみ》切《き》り包丁《ぼうちょう》、裁《た》ち包丁《ぼうちょう》などがある。

どんぶり

【丼】

意味《いみ》

「どんぶりばち」の略《りゃく》されたことば。深《ふか》くてあつみのある焼《や》きもののはち。また、それにもったごはんの上《うえ》に、おかずをのせたたべもののこと。

語《ご》源《げん》

いきおいよく水《みず》のなかにおちたり、ものをなげいれたりしたときの「どぼん」という音《おと》から、「どんぶり」ということばができた。「どんぶりばち（丼鉢）」も、ものをむぞうさにほうりこむことからとおもわれる。漢字《かんじ》の「丼《どんぶり》」という字《じ》は、井戸《いど》のなかに石《いし》を落《お》とすと「どんぶり」と音《おと》がすることから、その形《かたち》をとってつくられた。

関連《かんれん》することがら

けんどん屋《や》

江戸時代《えどじだい》、おわんにもりきりの飯《めし》や、うどん、そばなどをいれて売《う》る「けんどん屋《や》」とよばれる商《あきな》いがあった。「けんどん屋《や》」とは、客《きゃく》にもりきりのたべものをつっけんどんにだしたことによる名《な》。そこで商《あきな》われた「けんどんぶり」が、「どんぶりもの」の語源《ごげん》という。

さら【皿】

意《い》味《み》

陶器《とうき》や木《き》、ガラスや金属《きんぞく》などでできた、たべものをもる平《ひら》たい器《うつわ》。

語源《ごげん》

昔《むかし》、酒《さけ》をつくるのに用《もち》いた、底《そこ》の浅《あさ》いかめ「さらけ（浅甕）」からできたことばではないかといわれる。「皿《さら》」という漢字《かんじ》は、中国語《ちゅうごくご》では、食《しょ》器《っき》をおおうふたを意味《いみ》していた。しかし、中国《ちゅうごく》の平《ひら》たい皿《さら》の形《かたち》が、日本《にほん》の「さらけ」に似《に》ていたため、「さら」に「皿《さら》」という漢字《かんじ》があてられた。

関連《かんれん》することがら

いろいろな「皿《さら》」

平《ひら》たくて皿《さら》に形《かたち》が似《に》たものには、たべものをもらなくても「皿《さら》」のつくことばが多《おお》い。たとえば、ひざの皿《さら》、河童《かっぱ》の頭《あたま》の皿《さら》、秤《はかり》の皿《さら》、灰《はい》皿《ざら》、絵《え》の具《ぐ》の皿《さら》など。

さじ【匙】

意《い》味《み》

液体《えきたい》や粉末《ふんまつ》、やわらかいものなどをすくいとる小《ちい》さな道具《どうぐ》。スプーン。

語《ご》源《げん》

昔《むかし》、日《に》本《ほん》で使《つか》われていたさじは、木《き》の柄《え》に貝《かい》がらをつけたものだったので、「匙」と書《か》いて「かい」とよばれていた。それがのちに、茶《ちゃ》をわける道具《どうぐ》として使《つか》われ、「さじ（茶匙）」というようになり、「匙」を「さじ」と読《よ》むようになった。

関連《かんれん》することば

「さじ」のつくことば

さじをなげる

昔《むかし》は、医者《いしゃ》が薬《くすり》の調合《ちょうごう》をするときにも、「薬匙（やくじ・やくさじ）」を使《つか》った。このことから、「なおる見《み》こみのない患者《かんじゃ》を、医者《いしゃ》が見《み》はなす」ことを「さじをなげる」という。

しゃもじ【杓文字】

意味《いみ》

ごはんをもりつけるときに使《つか》う、柄《え》の先《さき》が平《たい》らになった道具《どうぐ》。

語源《ごげん》

室町《むろまち》時代《じだい》の女房《にょうぼう》ことば※から。飯《めし》や汁《しる》をすくって器《うつわ》にもる「しゃくし（杓子）」の上《うえ》の、「しゃ」だけをのこし、「もじ（文字）」をつけてできたことば。

関連《かんれん》することがら

文字《もじ》ことば

女房《にょうぼう》ことば※の一種《いっしゅ》。公家《くげ》や貴族《きぞく》の家《いえ》につかえる、身分《みぶん》の高《たか》い女性《じょせい》たちは、物《もの》の名前《なまえ》の頭《あたま》の音《おと》だけをのこして「文字《もじ》」をつけ、遠《とお》まわしにいう言《い》い方《かた》を好《この》んだ。たとえば、「すもじ」「ゆもじ」「かもじ」は、それぞれ「すし」「ゆかた（入浴《にゅうよく》するときに着《き》るもの）」「母《はは》（「かか」からきた）」を、また、「はもじ」は「はずかしい」、「心《こころ》もじ」は「心配《しんぱい》だ」を意味《いみ》した。

※宮中《きゅうちゅう》につかえる女官《にょかん》が、衣食住《いしょくじゅう》にかんするものにつけたことば。

ようじ【楊枝】

意味《いみ》

歯《は》のあいだにはさまったものをとったり、たべものをさしたりするときに使《つか》われる、先《さき》のとがった小《ちい》さな細《ほそ》い棒《ぼう》。

語源《ごげん》

もとは楊柳《ようりゅう》（やなぎのこと）の枝《えだ》を材料《ざいりょう》にして、つくられたことから。はじめは楊《やなぎ》の枝《えだ》の先《さき》をたたいてつくった「総楊枝《ふさようじ》」といわれる、歯《は》ブラシのような道具《どうぐ》だった。これに対《たい》して、細《ほそ》いようじを「小《こ》ようじ」「爪《つま》ようじ」というようになった。

関連《かんれん》することば

「ようじ」のつくことば

武士《ぶし》はくわねど高《たか》ようじ

「武士《ぶし》は貧《まず》しくて食事《しょくじ》ができなくても、たべたかのように、ようじを使《つか》って見《み》せる」という意味《いみ》で、体面《たいめん》をたもつためにやせがまんをし、気位《きぐらい》を高《たか》くもつことのたとえ。

色《いろ》の名前《なまえ》

みなさんは太陽《たいよう》を見《み》て、どんな色《いろ》だと考《かんが》えますか。国《くに》によっては、太陽《たいよう》を黄色《きいろ》や白《しろ》だと考《かんが》えたりするそうですが、日本《にほん》の子《こ》どもたちのかいた絵《え》を見《み》ると、ほとんどの子《こ》どもは太陽《たいよう》を赤《あか》くぬっています。つまり、日本人《にほんじん》にとっては、「太陽《たいよう》」＝「赤《あか》い」というイメージがあるようです。

では、なぜ昔《むかし》の人《ひと》は太陽《たいよう》を赤《あか》いとかんじたのでしょうか。昔《むかし》のことばでは、「赤《あか》い」というのは「あかし」といいました。「あかし」には、「赤《あか》い」という意味《いみ》と同時《どうじ》に「明《あか》るい」という意味《いみ》もありました。つまり、「あかし」は「夜《よる》が明《あ》けたときのように光《ひかり》が十分《じゅうぶん》にあって、すべてが明《あき》らかなようす」「暗《くら》いところがなく、はっきりものが見《み》えるようす」をさしているのです。ですから、まぶしいほど明《あか》るい太陽《たいよう》は「あかし」ということになったのでしょう。

「真《ま》っ赤《か》なうそ」とか、「赤《あか》の他人《たにん》」などというときの「真《ま》っ赤《か》な」「赤《あか》の」は、「あきらかな、はっきりした」という意味《いみ》です。これもやはり、同《おな》じことばから分《わ》かれてできたものです。

では、「あかし」の反対《はんたい》のことばは何《なん》でしょうか。それは、「暮《くら》し・暗《くら》し」で、「日《ひ》がしずんだあとの真《ま》っ暗《くら》なようす」をさしています。ここから「黒《くろ》い」ということばがうまれました。

さて、びっくりすることですが、昔《むかし》の人《ひと》がはじめに「色《いろ》」として考《かんが》えていたものは、この「赤《あか》」「黒《くろ》」のほかには「青《あお》」と「白《しろ》」、つまり、合計《ごうけい》四つしかなかったそうです。

「青《あお》」は、よく晴《は》れた空《そら》を「あおいだ」（見《み》あげた）ときの色《いろ》です。むかしは「あを」と書《か》き、黒《くろ》と白《しろ》の中間《ちゅうかん》の色《いろ》をさし、おもに「青《あお》・緑《みどり》・藍色《あいいろ》」のことでした。ですから、本当《ほんとう》は緑色《みどりいろ》なのに「青信号《あおしんごう》」というのも、昔《むかし》はぜんぜん変《へん》ではなかったのです。
つぎに、「白《しろ》」です。これは、「しろし」といいました。「はっきりした」という意味《いみ》の「著《しろ》し」、または、「塩《しお》の色《いろ》」から「白《しろ》」ということばができたといわれています。こうやって、色《いろ》の語源《ごげん》を見《み》てみると、「明白《めいはく》な」ということばも「明《あき》らかで、はっきりしている」のだな、とすぐにわかってきます。
昔《むかし》の人《ひと》たちにとっては基本《きほん》の色《いろ》はこの四つでしたから、「黄色《きいろ》」も「オレンジ色《いろ》」も「紫《むらさき》」もみんな「赤《あか》」、「緑《みどり》」も「藍色《あいいろ》」もみんな「青《あお》」にふくまれていました。しかし、生活《せいかつ》のなかで区別《くべつ》するために、日本人《にほんじん》はじつに豊《ゆた》かな色《いろ》の名前《なまえ》をもっていました。わたしたちが「水色《みずいろ》」とか「灰色《はいいろ》」「みかん色《いろ》」「草色《くさいろ》」などというのと同《おな》じで、まわりにあるものから名前《なまえ》をつくりだし、同《おな》じ赤《あか》でも「あかね」「くれない」「すおう」など、染料《せんりょう》につかう植物《しょくぶつ》の名《な》を、色《いろ》の名前《なまえ》にしました。

おさらい&チャレンジクイズ！

Q5 商売《しょうばい》でうまく利益《りえき》が得《え》られないことを「○○○○が合《あ》わない」というが、○には何《なに》がはいる？

Q6 「○○○○は筆《ふで》をえらばず」は、すぐれた技術《ぎじゅつ》をもつ人《ひと》は、どんな道具《どうぐ》でも使《つか》いこなすという意《い》味《み》。○にはいる人《ひと》の名前《なまえ》は？

Q7 むだづかいをしてしまうことを「○○○のひもがゆるむ」というが、○には
①ふくろ　②さいふ　③パンツ
のどれがはいる？

Q8 何《なに》をいっても何《なん》の手《て》ごたえもなく、はりあいがないことを「○○○にうで押《お》し」という。では、○には何《なに》がはいる？

Q9 酉《とり》の市《いち》で売《う》っていて、宝船《たからぶね》や大《おお》判《ばん》、小判《こばん》やお多福《たふく》などがついている縁起物《えんぎもの》は何《なに》？

Q10 人《ひと》やもの、権力《けんりょく》や地位《ちい》などを、次《つぎ》つぎにまわすことを「○○○まわし」という。では、○には何《なに》がはいる？

Q12 昔《むかし》、長《なが》もちは両側《りょうがわ》の金具《かなぐ》にさおをとおして、ふたりではこんだが、これが影響《えいきょう》したたんすのかぞえ方《かた》は一《ひと》○○？

Q11 「○○○○のこい」というと、人《ひと》のなすがままで、にげ場《ば》がないようすのことだが、では、○には何《なに》がはいる？

答《こた》えは96ページへ！

95ページの答《こた》え

A5 そろばん（算盤）。計算《けいさん》があわないことから。

A6 こうぼう（弘法）。弘法大師《こうぼうだいし》はどんな筆《ふで》でも、みごとな字《じ》を書《か》くことができたから。

A7 ②さいふ。金銭《きんせん》（財《ざい》）をいれる布《ぬの》のふくろから。

A8 のれん（暖簾）。力《ちから》をいれても、まったく手《て》ごたえがないことから。

A9 くまで（熊手）。福《ふく》をかきあつめるといわれている。

A10 たらい。もとは、あおむけに寝《ね》て、足《あし》でたらいをまわしながらうけわたす曲芸《きょくげい》のこと。

A11 さお。「長《なが》もち」は衣類《いるい》がいたまず、長《なが》くもちますように、ということからついた名前《なまえ》。

A12 まないた。まな板《いた》の上《うえ》のこいが、ただ調理《ちょうり》されるのをまつだけのようすから、できたことば。

49ページの答《こた》え

A1 ②ひも。「勝《か》ってかぶとの緒《お》をしめよ」は、かぶとのひもをしっかりむすんで気《き》をひきしめなさいということ。

A2 手《て》ぬぐい（手拭い）。昔《むかし》は神社《じんじゃ》の儀式《ぎしき》やおどりのときに使《つか》うものだった。

A3 ワイシャツ。日本人《にほんじん》には、「ホワイト」が「ワイ」と聞《き》こえたため。

A4 ①大風呂敷《おおぶろしき》。ふろしきはたためば小《ちい》さくても、ひろげると大《おお》きくなり、おおげさな意味《いみ》になった。

シリーズ監修
江川 清（元国立国語研究所情報資料研究部長）
1942年にうまれる。1965年神戸大学卒業。専攻は社会言語学・情報学。専門書のほか、小中学生向けに『まんがことわざなんでも事典』（金の星社）、『漢字えほん』（ひさかたチャイルド）など著作・監修多数。

ふしぎ？　びっくり！　ことばの由来博物館
身のまわりのもののことば

初版第1刷　2018年3月25日

文　草刈めぐみ（日本学生支援機構東京日本語教育センター 講師）
絵　Coma
編集協力　スタジオポルト
デザイン　スタジオダンク
発行　株式会社ほるぷ出版
〒101-0051　東京都千代田区神田神保町3-2-6
電話　03-6261-6691
発行人　中村宏平
印刷所　共同印刷株式会社
製本所　株式会社ブックアート

NDC812　96P　210×148mm
ISBN978-4-593-58776-6

本シリーズは、2000年に刊行された「ふしぎびっくり語源博物館」シリーズ（小社刊）を再編集・改訂したものです。